그리움 길이 되어 그대에게 갑니다

그리움 길이 되어 그대에게 갑니다

정정순 시선집

 책머리에

옷고름
두짝이 어우러질 때
비로소 옷맵시가 아름답듯
그 사람과 함께 호흡할 때야
행복의 의미도 알았습니다.

사랑은 언제나 감싸 안아주고
지난 허물 모두를 용서하는 것
저울질하며 부딪치며 걸어온 길,
소중한 당신을 사랑하며 즐겁게 대화할 때야
아름다운 모습인 것을 알았습니다.

나를 감당하며 무無로 돌아갈 하루하루
깨달음의 세계가 무엇을 의미하는지 알 것 같습니다.
기쁨도 슬픔도 함께했던 당신
고뇌하며 사업을 일군 당신에게 감사하며
가족과 친지 저를 아껴준 모든 분들에게도 감사드립니다.

나 자신만을 위해 기도하며
바쁘게 걸어온 날을 생각하니
부끄럽기만 합니다.
사랑을 나누면서 내 모양을 바꾸어 가렵니다.
용서하시고 어여삐 보아 주시기를…….

봉화산 기슭에서
예초 정정순

 차례

책머리에 · 5

첫 번째 이야기 **당신을 사랑합니다**

보고 싶어요 · 13
초록 물방울 · 14
내 마음 · 16
당신의 이름 · 17
담을 수 없는 사랑 · 18
꽃송이 하나 · 20
우리의 사랑 · 21
그리움의 향기 · 22
내 사랑 · 24
한 장의 사진 · 25
들녘에 핀 국화처럼 · 26
지상의 꽃 · 28
삶의 길목 · 30
수련을 하면서 · 32
자유롭고 싶다 · 33
길은 여기에 · 34
생명은 꽃 · 36
당신뿐인 세상 · 37

두 번째 이야기 **우리 사랑은 한 그루의 나무**

새벽 등산 · 41
산이 좋아 · 42
상념에 젖어 · 44
길 잃은 날 · 45
백두산 천지 · 46
새 아침이다 · 48
산길에서 · 50
좋은 만남이 되자 · 51
서울역 · 52
바다 · 54
백일홍 · 56
행복한 사람 · 58
바람 속에서 · 60
초록빛 사랑 · 61
아름다운 그대 · 62
비밀 하나 · 63
바람이 불면 · 64
사랑은 잠시 · 65
어머니의 명언 · 66

세 번째 이야기 지울 수 없는 그리움으로 남은 당신

사랑하고 싶습니다 · 71

산길 같은 그리움 · 72

고요한 나라 · 74

지금은 · 75

바닷가에서 · 76

봄비 · 77

꽃잎처럼 살고 싶어 · 78

이제는 · 80

아직도 나에게는 · 81

기다림으로 · 82

가을 바람 · 83

그리운 그대 · 84

너의 얼굴 · 85

매화 · 86

꽃 속에서 · 87

보슬비 속에서 · 88

산책을 하다가 · 90

산사山寺에서 · 91

겨울이 가고 · 92

네 번째 이야기 | 아름다운 사랑 그리움으로 피어납니다

달 같은 마음 · 97

아름다운 구속 · 98

세월 – 들국화 · 100

그리운 사람 · 101

이별의 한 · 102

멍에 · 104

당신을 사랑합니다 · 106

미련 · 108

너를 보내 놓고 · 109

이별과 만남 · 110

잊혀진 눈빛 · 112

길들여진 이별 · 113

슬픈 별 · 114

별이 된 당신께 · 116

봄비 · 118

맑은 하늘에 점 하나 찍었어 · 120

딸들에게 · 121

세월의 모정 · 122

아카시아 · 124

꽃잎 사랑 · 125

재능을 잉태하고 싶다 · 126

첫 번째 이야기

당신을 사랑합니다

창문에 젖어드는 빗물처럼 한 송이 꽃보다
소중하게 피어나는 사랑 사랑하는 사람 사랑해줄 사람
연초록빛 사랑은 가뭇가뭇 꺼지는 새들처럼 잡혀질 수 없고
그리움이 되어 다시 또 피어난다.

보고 싶어요

보고 싶어요
밤새 보고 싶었어요
그대 모두를 가질 수 없기에
더욱 간절할까요

보고 싶어요
푸른 초원을 돌아봐도
서성이며 밤을 지새워도
참을 수 없는 그리움은

보고 또 보고 싶어요
웃는 얼굴 그리워
몇 날을 참고 기다려도
소식 없는 그대

잠시도 잊을 수 없어
못 견디는 것은
당신을 사랑하는 만큼
가슴앓이인 것 같아요.

초록 물방울

밤마다
속삭이고 싶은 말을
글로 씁니다
사랑을 씁니다

그냥 바라만 보고 있어도
그리움은
초록빛 무지개로 피어나
꽃봉오리처럼 가슴 저리다가
방울방울 눈물이 쏟아질 듯한
순간순간들

이슬비처럼 촉촉해지며
원색의 꽃송이로
피어오르던 날의 추억들을 모아
색종이로 접어
흐르는 물결 따라 띄우렵니다

끝없이
사랑을 띄우렵니다

초록 물방울 같은
사랑의 시를 쓰면서
한 알의 밀알이 되렵니다.

내 마음

무엇인가 주고 싶은
동그라미 같은 내 마음
무엇인가 받고도 싶은
내 마음 내 마음

아침 햇살처럼
꾸밈새 없이 만나보면
괜히 몸을 눕히고 싶은
동그라미 같은
내 마음 본 적 있나요

무엇을 하고
무엇을 받고도
남아 있는 그리움의
메아리 들어본 적 있나요
파도치는 사랑의
메아리 들어본 적 있나요.

당신의 이름

하늘로 하늘로
등을 보인
당신의 이름 석 자 부를 때면
참 사랑했던 사람으로
기억하게 해주세요

바람 속에서 바람 속에서
당신의 이름 석 자 부를 때면
꿈에라도 생시라도
참 보고 싶은 사람으로
기억하게 해주세요

산길로 산길로
꼭꼭 숨어 버린
이름 모를 들풀처럼
못 본 체하고 나를 떠나도
참 부드러운 사람으로
기억하게 해주세요.

담을 수 없는 사랑

그릇 가득
그대 마음을 담아 봐요
그릇 가득
그대 사랑을 주어 봐요

바람처럼
살갗에 와 닿고
이슬처럼
이 가슴 적신 당신

정성을 들인 만큼
정 들은 나이만큼
진달래 핀
산을 바라보는 그리움은
내 가슴에 꽃이 되었네요

쟁반 가득 담아
주고 싶은

내 가슴의 사랑은
그릇 가득 꽃으로 피었네요.

꽃송이 하나

어디쯤에서 내 품으로 달려들어
언제쯤
내 가슴으로 안기려는가

기다림 속에서
혼자서는 이루어질 수 없는
마주쳐야 설레이는
꽃송이 같은 만남은
호기심이 전부였다

언제쯤 피어오르려나
꿈이 익어가는
바라만보아도 가슴 뛰는
우리의 만남은
눈빛과 눈빛의 만남은

꽃봉오리 같은 기다림 속에서
꽃을 피우려는 사랑이 내 모두였다.

우리의 사랑

어두운 밤
하늘 가득 떠 있는 푸른 별처럼
밤을 새워 함께 호흡하는
그런 사랑이었으면 좋겠네

바다 멀리
수평선이 보이지 않을 만큼
끝없이 평화로운
그런 사랑이었으면 좋겠네

듬직한 무쇠솥 같은
눈물 없는
진실한
그런 사랑이었으면 더욱 좋겠네.

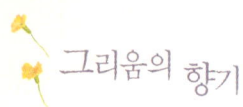 그리움의 향기

창문에
젖어드는 빗물처럼
한 송이 꽃보다 소중하게
피어나는 사랑

사랑하는 사람
사랑해줄 사람

연초록빛 사랑은
가뭇가뭇 꺼지는 새들처럼
잡혀질 수 없고
그리움이 되어 다시 또 피어난다

가을 바람에 활짝 피어오른
보랏빛 국화 한 송이와
잡혀질 수 없는 향기
저 하늘로 흩어져버리고
내 가슴

따사로운 대지 위에
알 수 없는 연초록빛 향기로
다시 또 피어난다.

내 사랑

나도 나를 모르겠어요

당신을 만나 당신과
연분홍
물결에 휩쓸려

물보라를 그리며
어느 곳에 가서
속절없이

연초록 잎새 속에
그냥
머물고 싶어요

나도 나를 잘 모르겠어요.

한 장의 사진

화초밭에는
색색의 꽃이 피어 아름다웠고
장독대에는
맛있는 장이 가득하여 풍요로웠다

야트막한 돌담 위로
가시 철망 쳐 있던
그곳에 큰 앵두나무 한 그루
지금도 있을까

어릴 적 뒤뜰이 떠오르면
한복 마고자 입고 계신
아버지의 모습이 생각난다
사진 한 장 떠오른다

흙이 될 때까지
그리운 그 이름
오늘도 부르고 싶은
그리운 그 이름.

들녘에 핀 국화처럼

당신이 하얀 면사포를
씌워주실 때는
퍽 아름다운 시절이었지요

지난날은 잊고
빨간 태양만 바라보며
좋은 날만 생각하고 살자 했지요

미워하지 말고
우울하지 말고
습관처럼 권태로워지지 말자고
약속했지요

들녘에 핀 국화꽃처럼
부드럽게 살겠다고
스스로 약속드리고 싶어요

새로운 세상
새로운 만남이 주어진다 해도
오로지 당신만을
사랑하며 살고 싶어요.

지상의 꽃

아들 딸은
지상의 꽃이며
영원한 꿈이다
언제 보아도
사랑스럽게만 보이는
그 아름다운 꽃은
어버이들의 꿈이기도 하다

그렇듯
아들 딸을 사랑하면서
누구나 내일을 기다리는 것은
영원한 드라마 속에
우리의 꿈인 것이다

가족을 바라보며
무쇠 같은 마음 속에서
이따금
애간장 태운 부모님을 그리다

나를 다시 돌아본다
나의 꿈인 아들 딸을 돌아본다.

삶의 길목

고고하고
순수한 척 살아보자

잡초처럼 뽑아도 뽑아도
다시 뿌리를 내리려 하는
사랑이란 그 이름
잠재워보자

순수한 척
방황하지 말자

길목에서 만난
인연들
미련없이 지우고
나의 삶을
하늘에
구름 가듯 조용히
걸어보자

갈매기 나는 바다에
모두 떠나 보내자
울창한 소나무 숲에
묻어버리고
깊은 생각 없이
그냥 그렇게 최선을 다하고
밝은 미소로 살아보자.

수련을 하면서

물질도
마음도

가지고 가야 하는 것
하나 없이
죽으면 재로 남는
한순간을 생각해본다

모두 다 태우고
빈손이 되어 보았지만
빈 가슴이 되는 것은
힘들었다

내 곁을 맴돌며
떠나지 않는 미련 하나
우뚝
떠나지 않는 사랑 하나는
왜 이리
버려지지 않을까.

자유롭고 싶다

마음의 별자리는
어디에 있을까

집착을 버리고
끝없이 떠나고 싶다
가족을 떠나
힘을 기르고 자유롭고 싶다

우주의 친구를 찾아
새로운 풍경과
새로운 여행을 하는 것이
나의 꿈이다

인생 산다는 것
무엇으로 나를 채울까
구속당하고 구속하는 일생
무엇이 정답일까.

길은 여기에

얼은 땅을 밟아 보고
만져보고
오르락내리락
걷다가 뛰어오른다

바라지 말고
넉넉한 마음 따지지 말고
하루하루를 활기차게 살자

그대 그리워하는 가을에도
사랑을 삼키지 말고
물벌레 우는 깊은 밤이라도
내 모습을 가꾸면서
나를 매만져보자

산도 물도 넘나들며
오고 가는 사람들과
눈 흘기지 않고 아름답게 살아봐도

남은 인생은 짧기만 하다
당신의 사랑이
나를 기다린다는 것을 잊지 말자.

생명은 꽃

눈이 오나
바람 부나
비가 오나

밤낮 없이
그 많은 날을
나와
함께 걸어온 당신
당신은 나의 햇덩이입니다

천지의 온갖 고뇌를 다 수렴하고
뜨거운 나의 영혼에
불을 담아준 햇덩이입니다
나와 함께 보름달을 기다려주는
당신은 나의 소나무입니다

언제나
언제까지나
밤낮 없이.

당신뿐인 세상

아프지 마세요
누구보다도 당신을 사랑해요

언제까지
당신을 사랑하게 될지
이 순간 나의 사랑은 너무 커
당신이 아픈 세상은
상상할 수 없어요

아프지 말아야 해요
누구보다도 당신을 사랑해요
발을 동동 구르며
힘겨워했던 순간에도
나를 감싸안고 위로해준 당신

당신의 숨소리를 들으며
가슴에 안겨 잠들고 싶어요
당신만은 오래오래
내 곁에 있어 줘야 해요.

두 번째 이야기

우리 사랑은 한 그루의 나무

청순한 사랑이 꽃으로 피어날 때 우리의 만남은
열매도 될 수 있지만 아름다운 만남 그리움으로 피어날 때
눈물로 얼룩질 수도 있다 우리의 만남이 영원히 꽃이 되어
푸른 파도를 넘어 인연으로 이어질 수 있다면…….

새벽 등산

인기척이 드문 계곡에서
바위 틈에 고인
맑은 물에
손을 적십니다

가늘게 번지는
물보라가
맨살 부비는
돌들과 함께
미소지을 때
나는 당신의
얼굴을 보았습니다

이른 아침 이슬처럼
영롱한 당신과
물 위에 떠가는
짧은 시구를 보았습니다.

산이 좋아

당신만큼 산이 좋아라
당신보다 산이 다정하여라
나무 가까이
하늘 가까이

그림처럼 아름다운
휘어진 나뭇가지를 바라보며
듬직한 큰 바위에 누워
부채질하는 바람과
다정히 속삭이며

진회색 하늘 아래
조심스러운 새 소리 들으며
바위에서 흘러내리는
물소리 곁에 앉아

웅성거리지 않는
언젠가 버리고 떠날

사람들과 멀어져

선녀의 끈으로
내가 맑아지는
하늘이 가까이 보이는 산
당신 닮은 정든 산
당신만큼 산이 좋아라.

상념에 젖어

하늘의 별도
바람에 흔들릴까
별이 쏟아지는
큰 바위에 걸터앉아
상념에 젖어본다

소망과
또 소망
별이 쏟아지는 밤하늘 아래서
별것 아닌 하루를 생각한다

산마루에 걸터앉은
보름달의 환한 얼굴처럼
좋을 때나 궂을 때나
잘 살아갈 것을 다짐하여 본다

비바람이 불어도
흔들림이 없이 살아갈 것을
올라서서 기도한다.

길 잃은 날

이정표 없는 두 갈래 길
뛰어내려오다 길을 잃고
사람 그림자조차 보이지 않는
숲이 우거진
가시덤불 그늘 속

적막한 두려움 안고
당신을 찾으면서
당신을 숨가쁘게 부르면서아

조심해서 살아야 한다는 것도
험한 세상 부딪쳐 가면서도
함께 살아가야 하는 이유를 알았다

부모 잃은 어린 고아가
참으로 불쌍한 것도
당신이 소중한 것도…….

백두산 천지

이름 모를 예쁜 풀꽃들만이
새파란 저 하늘
구름에 비치는 잠자듯 깊은 물
한 모금 마시고 창문을 열어라
이제는 찌든 마음을 열어라

구름이어라 비바람이어라
태초 우리 한민족 제단에 바친
그 청수에 마음을 씻고
통일의 함성을 함께 울려 보자

숨소리 들리는 듯
안개가 쉬어가는 큰 바위에 앉아
백두산 천지를 한눈에
바라보는 순간

부끄러운 마음으로
씻지 못한 아픔으로

발목이 시리도록 걸어야 하는
우리들은
가을 하늘 신비로움에
한마음이 되었다.

새 아침이다

불 밝혀라 불 밝혀라
새해가 온다
가슴을 열어라 가슴을 열어라
새 아침이다

아! 햇빛 함성이여
새 희망, 새 꿈이여

동해바다 너머
저 푸른 물결타고
뜨겁게 뜨겁게
둥근 해가 떠오른다

벅찬 기쁨 속에서
가슴 설레며 하나되어
청사의 주인을 맞이하던
자랑스러운 우리

희망의 새해 아침
지구 끝 저 멀리
붉은 태양이 떠오르면
우렁차게 외쳐보자

아! 나의 조국이여
아! 대한민국이여.

산길에서

홀로 새벽 산을 오르는 오늘도
쓰러질 듯 큰 바위를 바라보며
수풀 속 땅쥐 울음소리를 듣고
바위에 앉아 맑은 하늘을 바라보다
당신의 영상 속에서
나를 발견하였습니다

애지중지 부모님 곁을 떠나
산길 같은 인생
당신의 보초를 받으며 잘 걸어온
지난날을 생각하니 꽃사슴만큼
퍽 아름다웠습니다

이제 혼자 남을 때를 준비하는 마음
홀로 산을 뚜벅 뚜벅 오르니
혼자라는 깊은 두려움에
사랑의 중량에 짓눌리는 순간
사랑은 설명할 수 없다는 것을 배웠습니다
당신의 소중함이 가슴에 분수로 쏟아졌습니다.

좋은 만남이 되자

청순한 사랑이
꽃으로 피어날 때
우리의 만남은
열매도
될 수 있지만

아름다운 만남
그리움으로 피어날 때
눈물로
얼룩질 수도 있다

우리의 만남이
영원히 꽃이 되어
푸른 파도를 넘어
인연으로 이어질 수 있다면…….

우리의 만남이
좋은 만남이 되어
사랑으로 이어질 수 있다면…….

 서울역

봄소식 안고
부산행
열차표를 손에 쥐는 날,
그리던 바나를 꿈꾸며 즐거워하리라

시린 이별 속에
영화의 한 장면처럼
흐린 하늘에 눈보라가
바람결에 휘날리던 기차역,

카메라 앵글을 맞추며
일상의 각박함에서 벗어나
모처럼 어깨가 으쓱해진다

온기를 느끼는 사람끼리
진솔한 이야기 나누며
시간가는 줄 모르던 바닷가

꿈많던 학창 시절로 돌아간
여행길에
내 옷자락은
나비가 되어 멀리 날아가고 있었다.

바다

1
하늘빛 푸른
시원한 파도치는 바다에 서서
비린내가 풍기는 바닷바람이
가슴팍을 파고들면
외로움이 잠에서 깨어나
잠투정을 부리며
나를 죄어 뜯는다.

2
비린내가 풍기는 바다에 서서
몰려오는 파도소리를 하염없이
듣고 서 있으면
차가운 바람 타고
심장을 칼질하는
죄어 뜯는 고독이 밀려와
푸른빛 하늘을 향해
그리운 사람 떠올리며

아름다운 모래 백사장에 앉아
손가락으로 이름 석 자 그린다
당신의 눈물 나는 그린다.

3
파도가 잔잔한
깊은 바다에 서서
출렁이는 물결 따라
몸을 가눌 수 없는
외로움이 출렁일 때면
차가운 바닷물에 뛰어들어
하나 둘 정들은 얼굴과 하나 되어
한바탕 신나는 물놀이를 하고 싶다
세상이 자꾸 싫어지는 힘겨운 날엔.

백일홍

1
몽울몽울 파란 망울
어린 꿈망울

방울방울 꽃망울
하얀 꽃망울

숭고한 향기로움은
풋내음 나는 어느 소녀의 꿈 이야기.

2
망울망울 작은 망울
분홍 꿈,
보라 꿈
꿈 속에 망울

인내의 백일
간지러운 미소는

두고두고 바라보고픈
분홍빛 그녀 모습.

행복한 사람

아차산 소나무 굵어가는
자그마한 옹달 마을에는
흙 냄새가 유독 향기로운 분의
싱글벙글한 웃음소리가 있었다

무거운 거름지게를 짊어지고도
냄새가 구수한 듯
푸른 하늘을 바라보며
신명 난 노랫가락에
발끝으로 장단을 맞춰
춤을 덩실

흥에 겨운 듯 빈 거름지게에는
요술 손끝으로
풍악소리를 내고
어깨는 둥실둥실
지그시 잠긴 두 눈동자 아래
웃고 있는 덧니 하나

굵게 패인 굵은 주름이
다른 분 모습보다 더 다르게
아름답게 다가오는 오늘
푸른 하늘 같은 그분 모습에
머리가 숙여진다.

바람 속에서

당신의 조용한 미소가
메마른 땅에서
따듯하게
꽃을 피웠습니다

한파가 몰아치고
눈보라가 길을 막아도
불기둥처럼 솟는
사랑 속에서
숨막힌 가지에 꽃을 피웠습니다

오월의 햇살 같은 당신
당신의 따듯한 그 미소
당신의 따듯한 그 말씀

숨막힌 가지에 꽃을 피게 하였습니다

회오리바람 속에서 꽃을 피웠습니다.

초록빛 사랑

당신은 은행나무

당신은 사랑의 은행나무

당신은 등대

멀리서 그리는
멀리서도 지키는
당신은 등불

동아줄로 묶다가
대문 없는 나를 지키다가
빨간 열매를 맺고도
아직도 줄다리기를 하는

우리 사랑은 한 그루의 나무.

아름다운 그대

그리워 떠올리면
그리워할 수 있는
그대가 있어
살아가며 그리워합니다

빨, 주, 노, 초, 파, 남, 보
빛나는 그대의 얼굴이 있고

활짝 핀 꽃송이
휘날리는 낙엽에도
새하얀 눈송이에도
아름다운 그대가 있어
그리워할 수 있는 순간

그리움이 있습니다
가슴 뜨거움이 있습니다.

비밀 하나

눈가에 미소를 띠어 보지만
가슴을 열어 놓고도
당신을 사랑하고도
못다한 말 있는 나를 당신은 아십니까?

내 사랑 먼 곳에 있어
그리움의 순간은
울음을 참을 수 없어
실컷 울어 버리고 싶어도
소리쳐 울 수도 없는 내가 안타까워
가슴이 저린 나를 당신은 아십니까?

둘도 없이 사랑하고도
가슴을 열어 보일 수 없는 오늘 따라
당신이 미워 얼굴을 돌린 것을 아십니까?

가슴이 사뭇 저려 우는 나를 아십니까?

못다한 그 말 당신은 알고 계십니까?

사랑한다는 것은

높은 산봉우리 사이 하얀 눈
푸른 저 바다
하얗게 달려오는 큰 파도
밀물이 밀려오듯
환하게 떠오르는 얼굴
가슴을 파고드는 그대 손길
그리움 무지개 되어 아롱집니다

혼자 먼 길 떠난
그대가 안쓰러워
가슴만 메어지는 듯
참으로 사랑합니다
그대 빈 자리가
이토록 큰 줄은 몰랐습니다
수선화처럼 아름다운
지워지지 않는 그대 모습
이 모두 꿈 되어 깨었으면 합니다.

사랑은 잠시

들꽃을 한 아름 꺾으려
온 산을 찾아 나선다면
아름다운 눈빛이 될까

사랑하고도
미워할 수밖에 없는 내 사랑
다 할 수 없는 내 사랑
구름 뒤에 숨겨 놓을 때도
당신은 아름다운 눈빛이 될까

자유로운 나의 선택은
기대할 수 없는 사랑을
태양이 잠자는 먹구름 뒤에
잠재워 숨겨 놓았네
당신을 숨겨 놓았네.

어머니의 명언

이른 새벽 꿈결에 뵙는
어머니 그 모습
너무나 곱더이다

살아 생전
당신이 하신 말씀

그저 참아라
참다 보면 산다는
의미를 알게 될 것이다

참을 인忍 자가 셋이면
살인도 면한다

집안 우애는 안사람 몫이란다

형제간에 콩 한 쪽도 나누어 먹어라

당신의 그 말씀이
이제야 저를 철들게 합니다.

세 번째 이야기

지울 수 없는
그리움으로 남은 당신

순수한 사랑은 더 불타는 사랑으로

이상은 깊어가고 그리움은 길이 되어 몸도

마음도 욕심도 길을 만들고 여기까지 왔습니다

이제는 꽃길 따라 내 스스로 그대에게 갑니다.

사랑하고 싶습니다

하얀 꽃 순백의 마음 하나
솔빛 향기 가득
황홀한 눈빛으로만
달려오세요

사랑하고 싶습니다

당신의 날개에 한 올 한 올
살갗을 태우는 봄바람 되어
날고만 싶습니다

깨울 수 없는
꿈결인 듯
사랑하고 싶습니다.

산길 같은 그리움

이 세상에 살면서
산길 같은 그대 곁에
가까이 가는
길을 찾아 나섰다가

나를 좀더
꽃같이 아름답게 하는
책,
만남,
수없는 체험은
길을 만들고 여기까지 왔습니다

하얗게 내린 첫눈,
높은 산,
신선한 공기
아무도 다녀간 흔적 없는
산길 같은 그리움은
힘이 되어 그대에게 갑니다

순수한 사랑은
더 불타는 사랑으로
이상은 깊어가고
그리움은 길이 되어
몸도
마음도
욕심도
길을 만들고 여기까지 왔습니다

이제는
꽃길 따라
내 스스로 그대에게 갑니다.

고요한 나라

뭉게구름 지나가는
산길을 혼자 걸으며
고요한 풀숲을 바라보다가

당신과 나란히 앉아
이야기 나누고 싶은 마음에
문득
걸음을 멈추었습니다

별이 뜨는
가을 하늘을 상상하며
알 수 없는 매력을 지닌
따스한 당신과

바람 소리 들리는
과일나무 심는 봄을 바라보다
나무 그늘 아래
문득
잠들고 싶었습니다.

지금은

바람 부는 날
비가 오는 날
눈빛으로
깊은 마음 볼 줄 알고
감미로운 사랑의 찬사로
그대를 흥겹게 하는
잊을 수 없는 그리움이여

모퉁이 돌아서서 금빙이리도
다시 보고 싶어지는 그대
곁에 있어 손잡아도
그리운 사람이여

시들은 잔디 위에
쏟아지는 비처럼
내일을 꿈꾸는 그대를
내 가슴 속 가장 깊은 곳에
묻어두고 싶습니다.

바닷가에서

뜨거운 여름
파도가 출렁이니
동해 백사장에 앉아

사랑
이별
그리움이란 단어를

모래 위에 쓰다 지우다
해가 저무네

파도가 지우네

세월이 지우네.

봄비

봄비가 차갑게 내린다
하늘을 적시고
벌거벗은 나를 적시고

새 생명은
사랑으로 일어선다

긴 겨울
당신만을 그리워히며
긴 시간 기다린다는 건
참을 수 없는 괴로움

매서운 겨울 바람 보내고
나는 이 밤
다소곳이 젖어보고 싶다

나를 가다듬고 싶다.

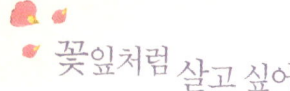
꽃잎처럼 살고 싶어

새 소리 물 소리
동무 삼아
산을 오르렵니다

바람결에 머리가
엉클어지면
손으로 쓰다듬으며
가을 잎처럼
가을 풀처럼 살고 싶습니다

새 소리에 귀를 기울이다가도
깊은 계곡에서 흘러 내려오는
물 소리가 들려오면
산골 물 소리 하나만 안고
산을 오르렵니다

예술의 존재성을 가슴에 안고
창문가에 단풍잎 찾아들어도

정리정돈 잘해
칭찬받으면서 살고 싶습니다

영원할 수 없는 사랑이라 해도
지구 끝 바다에 닿을 때까지

당신과 숨을 함께 하고
입술을 맞추며
꽃잎처럼 아드막한 산을 오르고 싶습니다.

이제는

그대 사랑하리라
그 눈빛을 믿으리라

발걸음마다 부서지는 낙엽인들 어떠랴
마지막 낙엽이 되어도
말없는 그 잔잔한 미소를 믿으리라

우리를 묶는 정 그리움
그대 외로운 그 모습도 이제는 믿으리라
떨어지는 꽃잎이 되어도 시를 사랑하는
그대의 그 미소를 이제는 믿을 수 있어라

그대 사랑하리라.

아직도 나에게는

푸른 물결 자유가 춤추는
깊은 바다 같은
사랑을 잊지 못합니다

그대를 사랑하다가
그대를 잊지 못해
그대를 생각하면서
오늘도 하루 해를 보냈습니다

시시때때 흔들리는 내 마음은
흰 구름 피어오른 듯한 그대를
기다리고 있는 것은
귀멀고 눈멀어
그대 모습 볼 수 없다 해도
내 운명의 기다림은
마지막으로 피어나는 잎새.

기다림으로

기다려줘요
잠들지 말고
설레는 가슴 누르며
애잔한 여운 남긴 채
향기로운 그대 입술에
나는 다가갑니다

우리의 사랑이
서로 만나 한몸이 되어
불그레한 볼 부비며
끝없이 수줍음 익어갈 때
당신의 온기를 느끼며
나는 잠이 듭니다

우리의 꿈은 익어
연분홍 물결을 타고
온 누리에 봄볕 가득한 날
영원히 잊을 수 없는 기다림으로
당신은 남아 있습니다.

가을 바람

창문에 기대어
밖을 바라보고 있을 때
잠시
내 곁으로 다가와
사랑한다 말해주고
가시면 안 되나요

커튼 내린 문풍지 사이로
바스락거리는 단풍잎 소리를 들으며
샴페인 한잔 가득 넘칠 때
한걸음에 다가와
어깨를 감싸주면 안 되나요

하얀 백열등 아래
지그시 눈을 감고
소파에 앉아 추억에 잠긴 나에게
살며시 다가와
당신의 따뜻한 눈길을
주시고 가시면 안 되나요.

그리운 그대

눈물로 얼룩진 강물 위에
여울져 오는 그대 그림자
우리는 만날 수 없기에
그리워도 볼 수 없기에
더욱 그리운 사람

꿈 속에서라도 보았으면
다시 만날 수 있다면
미련스런 미련
인고忍苦의 눈물
저 물가에 묻어두고

봄바람처럼 맑은 모습으로 일렁이며
노을진 하늘을 살아갈 수 있으련만…….

너의 얼굴

울다 지쳐 쓰러진다 해도
소리쳐 너의 이름 불러
목이 터진다 해도
가슴치며 통곡할 수밖에 없네

그리운 것이 참으로
아픔인지는 몰라도
사무치도록 보고 싶어
스러지는 석양을 보며
강변에 앉아 웃어도 보고
또 한없이 울어도 보았네

지금 내 곁에 없지만
연연히 살아 웃는 얼굴
지금 내 곁에 없지만
내 마음 속에 크게 자리잡고 있는
너의 얼굴

웃고 있는 얼굴.

매화

우리의 허물은
매일 무거워지고
겨울의 죽음을 거치듯

봄의 개화는
시련을 이겨낸
숭고한 의지의 결실

눈보라에 흔들리며
하늘 높이 뻗은 가지
마디마디에 맺은 꽃봉오리

너는 선비.

꽃 속에서

입술을 꼭 물고
툭 터질 듯한 양 볼

방긋 웃다가
활짝 웃음짓는 얼굴

당신의 이름
불러봐도 가슴이 뜨거워

다 못한 아쉬움
가슴에 접어두고
마음만 애태운다.

보슬비 속에서

보슬비 오는 공원길에
마음이 촉촉해지는 시간
비 소리는 음악이어라

메마른
가슴으로 파고드는
잠을 깨우는 새 소리
너는 노래이어라

파아란 바람과 함께
구름 끝에 매달린 너
너와 함께
하얀 눈처럼
예쁜 다람쥐와
솔바람 같은 애인과
한 송이 예쁜 꽃을
피우고 싶어라

음악 소리로 들리는 비
그 빗속을
생각나는 대로 걸으며…….

산책을 하다가

농촌마을 산책을 하다가
어느 산모퉁이에
아늑해 보이는 집과
어지른 물건들이 가득한
아랫집을 자세히 살피다
어릴 적 형제들과
우리 집안 살림살이가 떠올랐다

알뜰하시고 부지런하시던 어머니
이웃 어른들과
따듯한 마음 나누시던
자애롭던 어머니를 생각하며
윗집 아랫집을 바라보는데

어제처럼 생각나는
우리 집 어머니가
마당가에 서성이고 계셨다.

산사山寺에서

세월을 말해 주는 노송老松 사이
별빛은 유난히 은은하고

산사山寺는
자비를 일깨우고
풀잎을 일으켜 세운다

노승老僧의 염불 소리
새벽 솔바람에 실려 가네

어디에 무릎을 꿇을 것인가?
순간 나는
난蘭을 가꾸는 마음이 된다.

겨울이 가고

짙은 안개가
오늘을 장식하는 이월
봄의 정취에 물씬 취해
어제를 바라보는
그리움이여

하룻밤 사이에
하얀 눈 녹아 내리고
쌓인 낙엽 촉촉하게 젖은
골짜기를 바라보며
산길을 굽이굽이 돌아
산마루에 걸터앉아
어제를 바라보는
그리움이여

소나무 위에 눈꽃 같은
아름다운 눈 녹아 흔적 없고
구름 달려가는 저 하늘과

오늘도 숨 가쁘게
오르는 산길에서
포근히 무르익는 봄과
당신을 그리워하는
그리움이여.

네 번째 이야기

아름다운 사랑
그리움으로 피어납니다

별이 된 당신께 아름다운 당신께 사랑의 향기로움을
가득 실어 아무도 지울 수 없는 그림 엽서를 띄우고 싶습니다
바람이 머물다 가는 내 창가에는 별 조각 타서 마셨던
슬픔이 사랑의 향기가 되었습니다.

달 같은 마음

달아 내 마음으로 들어와라
나 활짝 웃고 싶단다

내가 아끼는 당신
세상을 다 준다 해도 바꿀 수 없는데

그리움 무한정 감출 수 없는
울어 버릴 것 같은
내 마음 밝혀다오

잃어버린 당신
돌아올 수 있다면

가슴을 활짝 열고
나도 너처럼 환히 웃고 싶구나.

아름다운 구속

가끔은 사랑스런 눈빛으로
꽃처럼 둥근 달처럼
웃어봅니다

구속이 행복이었던 것을
질투가 사랑인 것을
잠시 부는 바람에도
휘청거리는 나
초라해지려 합니다

내 마음가짐 하나 표정 하나
당신 마음 하나
마음대로 가질 수 없으면서
안타까운 마음만 나를 재촉합니다

총알 같은 세월이 지나가 버린 후
무쇠 같은 당신
뱃사공 같은 그대

아름다운 구속이
진실한 사랑이었다는 것을
늦가을에야 알았습니다.

세월 — 들국화

바람꽃 향기가 너무 아름다워
사랑 노래 부르며
깜빡 취한 햇살 사이로
한들한들 웃으며
힘차게 춤을 춘다

바람은 잡을 수 없는
그리움 남기고 화살처럼 지나간다
사랑을 주고 떠난 바람
아픔을 주고 간 폭우
아쉬움에 떨고 있는
초조한 모습은 더욱 바쁘게 춤을 춘다

서리 내린 들녘 바람결에
단풍진 누우런 꽃잎은
안쓰러운 표정 지으며
쓸쓸히 춤을 춘다.

그리운 사람

한 번뿐인 사랑인 줄 알았습니다
영원히
간직하면 되는 줄만 알았습니다

아름다운 꽃잎같이
예쁜 보석상자에라도 담아
영원히 간직하고픈 당신
마음껏 사랑했는데…….

영원히 간직할 수 없는
풀꽃 같은 사랑인가 봅니다

내 마음 그대 곁에 뜨겁게
머물 수 없었던 아픈 상처가
지금도 지울 수 없어

더욱더 그리워해야만 합니다.

이별의 한

네가 남기고 간 편지는
네가 나에게 주고 간 마음은
한 송이 꽃이 되었고 시가 되었어

그리워하면서 지우려고 애쓰면서
더불어 사는 세월이 웃음을 보내도
그래도 한스러워

따뜻한 강물에 이름표를 달아
오리 한 마리 띄웠지
물줄기 끊임없이 흐르는 강물가에
너의 문패를 달고 싶어
그리움이 몽글몽글 피어 오르면
못다한 사랑 얘기를 조각배에
띄우고 싶어

내 마음 달래며
시로 달래며

오래도록 못 잊을
사랑의 별 하나 살고 있을 강물가에
그리움 사무치는
이별의 한을 묻고 싶어.

멍에

잊을 때도 있지만
잊고 지낼 때도 많지만

불현듯 바람이 되어
다가오는 당신 숨결에
저려 오는 통증은
눈시울만 붉어집니다

서로 잊지 못할
그리운 사랑의 멍에를
메게 한 이별은
돌이킬 수 없는 아픔이 되어
되새김질합니다

햇살 아름다운 구름 위로
얼굴 비칠 때도…….

눈꽃 같은 낙엽이
휘날릴 때도…….

눈송이가 하얗게
내릴 때도…….

당신을 사랑합니다

당신을 사랑합니다

먼 곳에 있어도
다시는 볼 수 없어도
곁에 있는 듯
내 모두를 주고 싶은 당신

당신을 사랑합니다

부르면 달려올 것 같은 당신이기에
오늘도 당신을 못잊어하며
어른거리는 당신 그림자 찾아
길을 떠납니다

당신을 사랑합니다

세상이 나를 채찍해도
못다한 사랑 전하면서

나 산산이 부서질 때까지
당신을 잊을 수 없습니다

깊고 깊은 저 골짜기
흘러내리는 맑은 물이
더욱 아름답게 보이는 것은
오늘도 당신은 내 곁에
흐르기 때문입니다.

미련

한순간 지나치는 영상처럼
희미해져 가다가
금방 내 뇌리에 파고드는 당신

공허하기만 한 내 가슴
방 안 가득 흐르는 적막감과
멈춤 없는 조용한 시간

보고 싶어 눈물이 나는 것은
홀로 떠나간 당신이
너무나 그립기 때문입니다

감당할 수 없는 그리움에
지칠 때에는
훗날 조용히 눈을 감고
당신 곁으로 가렵니다.

너를 보내 놓고

바람에 비 내릴 때에도
울던 가슴 움켜쥐고
나는 너를 생각하다가
잠이 든다

너를 보내 놓고
만날 수 없는 사랑으로
어둠이 되어 하나가 된다

꿈 속에서 만난 너는
늘 바람이 되어
잡을 수 없었단다.

이별과 만남

인생길에
이별이 없다면
이별하는
아픔이 없다면

산다는 것은
이별과 만남의
순간들이지만
가슴 뜨거운
사랑이 있어
서로를 잊지 못하네

그리운 날들
생각나는 이름들
낙엽이 지는
아름다움처럼
가슴이 뜨거워지며
그리움의 멍에를

가득 메고

무거운
걸음
걸음
세월 속에
이어지네.

잊혀진 눈빛

봄
따뜻한 오후

창가에 아련하게
그려지는
당신의 얼굴

잊혀진 추억에
얼굴 붉혀지네

간간이
기억 속으로 빛나는
눈빛.

길들여진 이별

이별에 길들여진 나룻배처럼
당신 곁을 떠나도
맑은 하늘 같은 당신

소나무 줄기처럼 푸르른 그 모습
삶의 나이테로 간직하렵니다

이별에 길들여진 나룻배처럼
무거운 발길
아쉬움 남긴 채
당신 곁을 떠나도
엿볼 수 없는 슬픔은

빨리 흘러내리는
물방울을 바라보듯
아직도 못다한 사연 있어
내 눈가에는
쓸쓸함 맴돌고.

슬픈 별

그대 떠나간 이후
가슴 깊은 곳에
슬픈 별 하나
둥지를 틀었습니다

아련히 음악이
울려 퍼지고
정원의 나뭇잎 사이로
햇살이 퍼질 때에도
지울 수 없는
깊은 정을 주고
떠난 그대

지난날이 너무 허무해
타오르는 그리움
슬픈 별이 되어
둥지를 틀었습니다

진회색 안개가 뒤덮여진
비 내리는 오늘은
변두리 노래방에 가서
내 그대 그리워하며
노래하는 별이 되리.

별이 된 당신께

별이 된 당신께
아름다운 당신께

사랑의 향기로움을 가득 실어
아무도 지울 수 없는 그림 엽서를
띄우고 싶습니다

바람이 머물다 가는 내 창가에는
별 조각 타서 마셨던 슬픔이
사랑의 향기가 되었습니다

달이 부러웠던 어느 해 봄
멀리 떠나고 싶었던 여름
사랑받고 싶었던 가을
슬픔이 범벅이 된 겨울

파랗게 키운 잔디 위에
억새풀들

꽃처럼 매달아
연을 만들어 보았습니다

사랑을 가득 엮어
하늘 높이
연을 띄웠습니다

아름다운 섬에
별이 된 당신 이름
날고 싶었습니다.

봄비

소리 없이 내리고 있는
봄비에 젖은 가로수

풋풋한 생기가 감돌고
물이 오른다
나도 비에 젖어보고 싶구나

다시 볼 수 없는 그대를
내 가슴에 묻어둔 아픔을

잊을래야 잊을 수 없는
내 마음 달래며 들어선 찻집

낡은 등의자만 반기고
불빛은 사뭇 시리다
흘러 나온
음악도 위안될 수 없이
공허할 뿐

아무에게도
위안받을 수 없는
그리움에

헤아릴 수 없는 아픔이
풀리기를 기원하며
봄비에 젖어본다

동토가 풀리는
봄비는 내려도
그대의 그리움은…….

맑은 하늘에 점 하나 찍었어

누가 너를 부르더냐?
무엇이 그리 급해 아직 할 일이 많은데
너 먼저 떠났느냐?

추운 겨울 따뜻하게
옷 한 벌 해 입히지 못하고
언 땅에 너를 두고 오던 날

텅 빈 나의 가슴이
갈까마귀 울음으로 타 버리고
생의 아픔 가운데
가장 큰 천륜의 인연을
별리의 아픔으로 이길 수 없기에

오늘도 우리를
갈라 놓은 맑은 하늘이
너무나 원망스럽구나.

딸들에게

여자는 아름다워야 한다
언제나 부족한 것을
채워 담을 수 있는
빈 그릇이어야 한다

한 번씩 강을 건너
바람이 되어
먼 숲 속에 향기로움을
채울 수 있는 여자이어야 한다

더욱 아름다운 여자는
향기가 가득한
지혜로운 여자란다.

세월의 모정

어느 여름 깊은 밤
잠 못 이뤄 사알짝 눈을 뜨니
달빛은 훤히 나를 반기고
별마서 미소짓는데

퇴청마루 모기장 속
살포시 잠드신 당신 얼굴에
소리 없이 흘러내린 눈물은

이름모를 풀벌레 소리
어찌나 처량했던지
얼룩진 눈물의 사연은
묻지도 못했습니다

나에게 살과 피를 주었던 당신은
순수한 사랑을 먼저 가르쳐주었던
지난날은 행복했습니다

이 세상에서 제일 먼저
기대했던 당신을
마음 아프게
그리워하는 세월 속에
지금도 그 모습이
사랑의 무게로 측정할 수 없는
아쉬움뿐입니다.

아카시아

아카시아 꽃잎 하얗게 피는 계절
꽃잎에 담겨진 우리들의 이야기
아카시아로 둘러진 학교 담장

꽃 향기 운동장 가득 날리고
시원한 솔바람은 그늘로 뛰어들어와
오순도순 꽃그늘 밑에 앉아
우리들과 이야기꽃을 피운다

아카시아 꽃잎을 얼마나
많이 따 먹었던지 속탈이 생겨
고생했다는 그 친구

눈처럼 쌓인 세월들이 흘러간 요즘도
그 친구를 만나면
우리들 이야기 하얗게 꽃을 피운다
아직도 녹지 않은 우리들의 추억.

꽃잎 사랑

사랑이라는 아픔으로
붉게 물드는
고운 봉선화 꽃잎이고 싶다

당신만을 기다린 세월
믿음은 바윗돌 되고
당신 사랑 하늘 높이 치솟을 때

기다림은 아틈납게 너물고
우리 사랑은
꽃잎이 된다.

재능을 잉태하고 싶다

가슴 밑바닥에
잠들어 있는
영혼을 불러 주소서

흔들리는 순간들을
스승님의 빛으로
물들게 하여 주소서

스승님이시여
조심스럽게
내딛는 첫 걸음
멈추지 않게 보살펴 주소서

햇살 같은 그리움과
맑은 소망 하나
동반하고
나를 잉태하고 싶습니다.

그리움 길이 되어 그대에게 갑니다

1판 1쇄 인쇄일 | 2004년 5월 5일
1판 1쇄 발행일 | 2004년 5월 10일

지은이 | 정정순
펴낸이 | 최순철
펴낸곳 | 오늘의책

오늘의책 사람들
편집부 | 박선영, 이효선, 이정현
디자인부 | 이현주, 김명진
마케팅사업부 | 이재승, 최만석, 이광택
총무부 | 이승선, 한상희, 유은주

주소 | 서울시 마포구 서교동 452-10호
전화 | 322-4595~6 팩스 | 322-4597
전자우편 | tobook@unitel.co.kr
홈페이지 | www.todaybook.co.kr
출판등록 | 1996년 5월 25일 (제10-1293호)

ISBN 89-7718-233-6 03810

값 5,000원

잘못된 책은 바꾸어드립니다.